AF563461

EUROPE

PRENDS GARDE A TOI

PAR

UN LORRAIN

DÉPOT LÉGAL
Vosges
n° 88
1878

Novus rerum nascitur ordo.

(*Tous droits de reproduction et de traduction réservés.*)

8° G
104

ÉPINAL
V. COLLOT, IMPRIMEUR
1878

INTRODUCTION

Celui qui tient dans sa main puissante le gouvernail des empires et les dirige au gré de sa volonté souveraine, les soumet de temps à autre à des crises par lesquelles il semble vouloir mettre à l'épreuve la solidité de leur tempérament. Ces secousses violentes, qui sont l'ordinaire résultat de l'ambition des conquérants, ont leur cause cachée dans l'indocilité des nations à obéir au frein divin. Quand elles sont rétives à l'excès et se cabrent trop fréquemment, Dieu lâche sur elles des Attila qui sautent tout bottés sur leur dos, les serrent de leurs genoux nerveux, ensanglantent leurs flancs de leurs longues molettes de fer, et leur déchirent la bouche avec un mors d'acier. Parfois, elles tombent pantelantes sur l'arène pour ne plus se relever : ainsi périt le peuple romain qui avait vaincu le monde. Parfois aussi ce même Dieu, qui les a faites guérissables, et se plait à tempérer sa justice par sa miséricorde, permet qu'elles jettent à bas leur farouche cavalier et pansent leurs meurtrissures.

Pour tout homme qui observe et réfléchit, l'Europe est à la veille de subir un profond ébranlement qui peut la disloquer : de tous côtés se montrent les signes avant-coureurs de la tourmente. La force proclamée et pratiquée comme règle absolue du droit; les traités mis en

lambeaux; les faibles à la merci des forts; un mépris éhonté pour toutes les traditions qui étaient en quelque sorte la moëlle de lion dont se nourrissaient les vrais hommes d'Etat; une guerre acharnée au Décalogue et à l'Evangile, ce Livre d'or des sages; l'ivresse hébétée et furieuse des peuples et des gouvernants qui se grisent à l'envi avec le funeste opium que leur distribuent à haute dose les apôtres du matérialisme et de la libre-pensée; les grognements sourds et les regards féroces du dogue socialiste; les hennissements belliqueux des coursiers de l'Ukraine, harnachés en guerre; les sinistres battements d'ailes de l'aigle germanique prêt à prendre son vol pour se mettre en chasse, voilà ce qui frappe les yeux et les oreilles de l'observateur.

Je viens aujourd'hui, sentinelle obscure, pousser le cri d'alarme et faire entrevoir à mes contemporains les trésors de maux et de ruines que recèle dans son sein la question d'Orient. Puisse la voix d'un inconnu, qui aime passionnément son pays, ne pas rencontrer chez ses compatriotes l'incrédulité dédaigneuse qui déchirait l'âme de l'infortunée Cassandre!

EUROPE, PRENDS GARDE A TOI!

DÉPÔT LÉGAL
Vosges
N° 98
1878

La question d'Orient ne date pas d'hier : elle est vieille de plus de cent ans. Elle a surtout pris tournure le four néfaste où la Pologne a été étranglee par les trois bourreaux, qui s'en sont partage les lambeaux saignants. Depuis lors, elle a constamment préoccupe les hommes d'Etat et a été la cause apparente ou secrète des joûtes diplomatiques ou guerrières que je crois superflu de raconter, -et dont Sébastopol et le traité de Paris ont été les incidents les plus importants. Elle est arrivée aujourd'hui à son point culminant et sa solution définitive intéresse, non-seulement ceux qui affichent des prétentions à la succession de l'homme malade, mais encore tous les Etats qui ne peuvent ou ne veulent élever aucune revendication sur ses dépouilles opimes. De cette solution dépend le maintien ou la rupture de l'équilibre européen. Constantinople et la domination turque ne sont pas seules en cause : il s'agit de savoir si les Etats de la vieille Europe conserveront leur vie propre, leur nationalité indépendante et distincte, ou s'ils périront étouffés dans les bras des colosses moscovite et germanique.

Il est hors de doute que la situation actuelle a été amenée et merveilleusement préparée par les bonapartistes et les républicains. Au lieu de prendre l'idée catholique et les traditions diplomatiques françaises comme boussole dirigeante de leur politique extérieure, ce qui leur eût permis de se créer de vives sympathies, peut-être même de chaudes amitiés chez les peuples dont les gouvernements jalousaient notre prépondérance, ils ont voulu inaugurer un système nouveau : se faire les apôtres du principe des unifications, qui n'est entre leurs mains qu'une arme de guerre destinée à annihiler, voire même à tuer le catholicisme; favoriser, dans la limite du possible, la réalisation de l'italianisme, du pangermanisme et du panslavisme, voilà quel a été leur objectif, leur dada de prédilection. Ils n'ont pas vu, tant leur haine contre l'Eglise est furieuse et aveugle, que le parachèvement de cet imbécile programme devait fatalement créer à la France des adversaires implacables, pleins de visées ambitieuses, et la faire descendre du piédestal d'où n'avaient pu la précipiter les traités de 1815. L'Italie unifiée qui porte d'un cœur léger le fardeau de la reconnaissance; l'Autriche écrasée et amoindrie; la Prusse se faisant le centre de l'hégémonie teutonne; la lamentable équipée de 1870, la France mutilée; la Turquie agonisant sous le fouet des Cosaques, tel est à ce jour le bilan de la merveilleuse politique inaugurée par Napoléon III et ses dignes émules, nos tartufes en démocratie.

Mais le drame n'est pas fini : le prologue seul a été joué. Les acteurs les plus renommés viennent de rentrer en scène, et nous allons assister au déroulement de l'action principale, aux coups de théâtre les plus imprévus, aux péripéties les plus empoignantes. Il serait puéril de se le dissimuler; la guerre est inévitable.

Depuis 1863, et dès avant peut-être, la Prusse et la Russie ont signé un nouveau Tilsitt et rêvé le rétablissement de l'empire d'Orient et de l'empire d'Occident.

Certaines traditions historiques exercent sur l'imagination des monarques un ascendant irrésistible, les fascinent et les attirent, comme fait le serpent des oiseaux. Constantinople capitale d'hiver, Pétersbourg capitale d'été, quel beau rêve pour le czar de toutes les Russies! La couronne et le sceptre de Charlemagne sur la tete et dans la main d'un descendant des petits Hohenzollern, quel superbe mirage au yeux de ce Guillaume qui a dejà ceint le diadème impérial dans le palais de Louis XIV! Et de plus, comme seraient heureusement réalisées les aspirations des générations présentes qui trouvent la guerre si absurde, si fatale au bien-etre, ses budgets si lourds et si ruineux! L'Europe une fois partagée en deux grands empires, entraînant dans leur orbite respectif des nations feudataires, on désarmerait, et les peuples, plongés dans la béatitude d'une paix sans nuages, n'auraient qu'à etendre la main pour cueillir les fruits dorés et savoureux d'un nouvel Eden.

Deux moyens s'offraient aux deux Minotaures couronnés pour venir à bout de leur desseins: 1° prendre ou immobiliser successivement toutes les grosses pièces qui genent la marche de leurs cavaliers sur l'échiquier européen; 2° ou bien faire échec et mat d'un seul coup, en écrasant l'Europe à l'improviste sous une avalanche de Teutons et de Moscovites. Le premier était plus long, mais plus sûr : le second plus dangereux, mais plus expéditif. Ils ont d'abord usé du premier : les guerres de 1866, 1870, 1877 en ont été les résultats. La France républicaine muette et tremblante sous la verge de fer de Bismarck, l'alliance des trois empereurs, adroite contrefaçon de la Sainte-Alliance, insigne tartuferie destinée à lier les mains à l'Autriche (pauvre Autriche! qui croyait se sauver en cachant sa tête, non pas sous ses propres aîles, mais sous celles des deux rapaces qui aiguisaient secrètement becs et serres pour la plumer et la déchiqueter), l'Angleterre pétrifiée en quelque sorte dans l'imbécile politique gladstonienne, l'Italie secrètement complice peut-être de leurs projets machiavéliques, les jalousies, les rancunes, les défiances, les menaces adroitements semées partout, voilà où ils en étaient arrivés ! Je crois les voir se serrer chaudement la main et se murmurer à l'oreille d'une voix gutturale : « Nous y voilà; nous les tenons ! ! ! »

Mais le traité de San-Stefano a déchire les voiles et dessillé les yeux. Les Anglais ont enfin entrevu l'immense péril que faisait courir à l'Europe l'orage qui a crevé sur la Turquie. Ils n'ont plus douté que les nuées qui recèlent les foudres d'Alexandre et de Guillaume ne tarderaient pas à tomber, partie sur les Indes, partie sur l'Occident, s'ils n'élevaient au plus vite un paratonnerre pour en neutraliser les effets. Ils se sont souvenus d'avoir, après dix ans d'une lutte gigantesque, cassé les aîles de l'aigle corse; et les coudes appuyés, d'un côte sur leurs monstrueux canons, de l'autre sur leurs sacs gonflés de guinées, ils ont lancé à la Russie leur *Quos ego*.

Il était temps ! ! ! Bismarck se préparait sans doute à faire revivre le système des revendications inauguré par Napoleon III après la campagne d'Italie : et quelles belles raisons il eût fait valoir en sa faveur ! Nécessité absolue pour l'Allemagne d'élever un rempart solide contre l'ambition moscovite. Or, comment y parvenir avec un empire qui ressemble à une grange sans porte ni fenêtres? Anvers et Amsterdam ouvriraient des jours superbes sur l'Océan : Trieste serait une fort jolie porte sur la Méditerranée. Les cuirassés et les riches colonies de la Hollande, sans compter l'or de ses banquiers, une belle flotte sur l'Adriatique, n'est-ce pas là le complément de la grande armée prussienne? Voila certes de quoi mettre l'Allemagne en etat d'arrêter net les chevauchées des Cosaques et l'essor de leurs navires à tourelles embossés dans la Corne d'or. Et l'Occident pouvait dormir tranquille sur ses deux oreilles, sous la garde vigilante de ses bons amis les Teutons.

Ce diable de chancelier prussien a l'imagination inventive et ses plans ne sont point d'un sot. Oh ! comme ses prunelles durent se dilater, sa langue pourlécher ses lèvres, sa poitrine se gonfler d'orgueil sous les arbres de Varzin, balancés par les vents d'hiver et moins secoués peut-être que son âme de bronze, quand il apprit la chute de Plewna et la capture de l'héroïque Osman et de son armée ! C'est sans doute à ce moment que jaillit de son cerveau le *Beati possidentes*. Mais Dieu qui se joue plus facilement des plus rusés diplomates que ceux-ci ne le font des âmes les plus crédules et les plus naives ; Dieu qui ne veut pas que les persécuteurs de son Eglise continuent à lui étreindre la gorge de leurs gantelets d'acier; Dieu qui se plaît à renverser l'édifice bâti par les conquérants au moment même où ils hissent à grands efforts la dernière pierre qui doit en couronner le faîte, Dieu, par la main de l' Angleterre peut-être, vient de jeter son gant dans l'arène; nous allons voir si les deux Césars de Pétersbourg et de Berlin oseront le ramasser. Tout bien pesé, je crois qu'ils le feront.

La Russie peut-elle, à supposer même qu'elle y soit poussée par l'Allemagne, se résigner à faire une honteuse retraite devant le *quos ego* de l'Angleterre ? Ce serait un caillou bien dur à avaler. Comment consentir a perdre en un instant les fruits d'une campagne dont les préparatifs ont été aussi coûteux que la guerre elle-même? Est-il prudent et sage de se condamner à faire une seconde fois, dans un avenir plus ou moins prochain, une nouvelle mobilisation qui mettrait à sec le trésor moscovite? Elle sait fort bien qu'il lui a fallu vingt-cinq ans pour prendre la revanche de Sébastopol, qui lui avait coûté moins que la dernière campagne. D'ailleurs, il est à craindre que l'or des Occidentaux ne soit plus assez fou pour aller s'engouffrer dans la poche de gens qui ont grande envie de le prendre, mais peu souci de le rendre. Et la nation russe? de quel œil verrait-elle s'évanouir en fumée les douloureux sacrifices d'hommes et d'argent qu'elle a subis sans murmurer? Car il ne faut pas oublier que le programme panslaviste est souverainement populaire, et qu'un gouvernement qui le répudierait courrait grand risque de disparaître sous les coups des nihilistes qui seraient enchantés de prendre l'occasion aux cheveux pour faire des leurs.

D'un autre côté, Bismarck l'avisé est dans un cruel

embarras. Lâcher sa bonne amie au moment décisif, c'est s'en faire pour l'avenir une ennemie irréconciliable, et la situation intérieure du nouvel empire prussien n'est pas sans lui causer de cuisants soucis. Le socialisme devient menaçant et ne se gêne guère pour lever la tête et pousser des grognements sinistres. A part le trésor de guerre qui peut suffire à une mobilisation rapide, le coffre-fort impérial n'est pas gonflé outre mesure, et les marks ne s'y précipitent pas à sa voix avec la docilité automatique des manœuvriers qui obéissent à de Moltke. Les nouveaux impôts nécessités par la formidable machine militaire qu'il a créée, véritable pompe aspirante qui menace de sucer jusqu'a la dernière goutte de sueur, jusqu'au dernier pfenning des contribuables, soulèvent de violentes protestations. Les autonomistes hochent la tête en signe de mécontentement et trouvent que l'annexion n'a pas doublé le total de leur fortune ni la somme de leur bonheur. La sauerkraut devient inabordable aux petites bourses. Bref, tout est loin d'être pour le mieux dans la meilleure des Allemagnes. Une sorte de fatalité pousse le chancelier à reconquérir sur les Allemands, par les complications extérieures, le prestige et l'omnipotence que lui avaient donnés les conquêtes. Il faut à tout prix qu'il surchauffe leur chauvinisme, leur jette en pâture de nouvelles annexions et de nouveaux milliards, sinon le sceptre peut lui tomber des mains.

Les deux alliés sont donc arrivés au moment psychologique où ils sont contraints d'abandonner leur programme primitif et de se prendre corps à corps avec le reste de l'Europe, s'il le faut, pour liquider la situation d'un seul coup. Du reste, tout semble les y convier, et ils ont de forts atouts dans la main. Un simple coup d'œil suffit pour s'en convaincre.

L'Italie fait mine de se recueillir et d'observer. Son roi est jeune et ambitieux: il est, dit-on, un modèle très-réussi de ses ancêtres, les loups de Savoie: dents longues, gros appétit, vaste estomac, conscience..... large. Il trouve sans doute un peu étroite l'ouverture de sa longue botte italienne: la tige à la mousquetaire lui siérait mieux, lui donnerait plus grand air, une tournure plus dégagée. Le Trentin, le Tyrol, Nice, La Savoie, voire meme la Corse et Toulon lui plairaient assez; et il n'ignore pas que M. de Bismarck n'est pas prince à lui marchander les quelques morceaux de cuir, taillés dans la peau des voisins, qu'il croit nécessaires à la commodité et à l'embellissement de sa chaussure; tandis que la France, l'Angleterre et l'Autriche sont personnes tenaces et peu soucieuses d'entretenir l'amitié par de petits cadeaux. Et d'ailleurs, sa place n'est-elle pas marquée aux côtés de ceux qui, jetant sans vergogne au vieux panier les semblants d'honnêteté dont s'était affublée la Sainte-Alliance, tiennent le commandement « *Bien d'autrui tu ne prendras* » pour un cliché sans valeur, un fétiche ridicule devant lequel ne s'inclinent plus respectueusement que les diplomates à préjugés? Basta! doit-il se dire, au siècle où nous vivons, les larrons heureux sont cotés plus haut dans l'estime publique que les honnêtes gens assez maladroits ou assez faibles pour se laisser détrousser: donc, *Beati possidentes* !!!

Mais ses beaux rêves sont traversés par un vilain cauchemar. Les Anglais sont de hardis chasseurs et leurs canons portent loin. Quelle piteuse mésaventure si la botte, au lieu de s'élargir, recevait des deux côtés à la fois une grêle de gros plomb qui la trouerait comme une écumoire et la rendrait aussi aussi plate que la sandale d'un capucin! Et ce n'est pas tout : il pourrait fort bien advenir qu'un beau jour le roi de Piémont, la conscience lourde et les poches delestees, fût contraint de regagner Turin avec la mine penaude et deconfite d'un codottière qui a vu sa bande exterminee dans un maladroit coup de main ; cruelle extrémité dont ne pourraient certes le consoler les lauriers de Lissa, de Custozza et de Castelfidardo.

Le cabinet aulique, tiraille en deux courants contraires, par suite du dualisme qui coupe en deux l'empire, hésite a prendre parti. Certains renards, qui ne sont ni gascons ni normands, le poussent à se faire loup et a reprendre le sot et mechant rôle qu'a joue l'Autriche lors du depècement de la Pologne et de l'étranglement du Danemarck. D'autres, plus avisés, lui soufflent tous bas à l'oreille :

. . . . . *Timeo Danaos et dona ferentes*,

et lui laissent entrevoir un horizon qui n'est pas précisément colore par les doigts de rose de l'Aurore. Sadowa n'est pas tellement perdu dans les brumes du passé que le souvenir en soit complètement effacé, et Sadowa a été l'orange amère que les Hohenzollern ont servie aux Habsbourg comme reliefs du festin plantureux dont le Sleswig-Holstein, le Lauenbourg et la Confédération germanique ont été les plats de résistance. Et qui donc ne trouverait étrange que le descendant d'une dynastie, qui a exercé en Europe une glorieuse et incontestable prédominance, consentit à se faire le valet d'un fils de margrave, et à recevoir, chapeau bas et dans l'humble attitude d'un mendiant, le maigre pourboire que l'autre laisserait tomber dédaigneusement dans le creux de sa main impériale et royale! Par malheur, l'Autriche redoute d'être seule à supporter les coups terribles que lui porteraient de concert le baliste prussien et la catapulte russe, et si aucune alliance continentale ne la vient fortifier dans les résolutions viriles qu'elle doit prendre, entre deux périls également redoutables elle est tentée de choisir, sinon le moindre, du moins le plus éloigné.

Ah! si elle sentait la France lui prendre la main pour la serrer loyalement! Si elle avait la certitude qu'en venant se ranger, le fusil sur l'épaule, à la droite de l'Angleterre, elle verrait son ancienne rivale occuper non moins résolûment la gauche, elle n'hésiterait pas! Mais, hélas! où est la France d'antan? Qui eût jamais cru que les fils des vieux Gaulois, si valeureux et si fiers, et dont chaque rhume faisait jadis éternuer l'Europe, en viendraient à ce point d'abaissement de subir sans murmurer la dictature d'un métis franco-italien qui leur a déjà coûté une province et cinq milliards? Cet homme néfaste, qui rappelle le Génois par sa superbe, le Gascon par sa hâblerie, Gribouille par ses talents militaires, Fracasse par ses exploits, Gavroche par ses conceptions financières, Jocrisse par ses finesses diplomatiques, Tabarin par son éloquence aussi creuse que tapageuse, c'est lui qui dirige nos destinées en maître plus absolu que Henri IV ou Louis XIV. Ce pitre, qui jongle avec notre honneur et nos écus, dont quelques-uns se sont égarés par mégarde, dit-on, dans le gousset des Ferrand et autres, conduit, du haut de ses tréteaux opportunistes, un orchestre de Pierrots, d'Arlequins et de Bambochinets politiques, dont il couvre les cuivres par le vacarme de sa grosse caisse. Et le peuple le plus spirituel de la terre contemple béatement cette exhibition, écoute le boniment avec des hochements de tête admiratifs, et vide ses poches pour entrer dans la baraque et voir jouer une farce dont le souffleur a un accent tudesque des plus prononcés. Comment veut-on qu'ils s'occupent des affaires du dehors, ces honnêtes personnages? Est-ce qu'on peut et doit songer à autre chose qu'aux *Noces de Mademoiselle Marianne*? L'aplatissement et le silence devant l'étranger, voilà la plus belle jarretière que les garçons de la noce puissent offrir à la mariée..... Entr....rrez les Gugusse! et en avant la musique!!!!

Les autres nations ahuries contemplent, dans une douleur muette et avec de sombres pressentiments, cette incroyable énervation d'une race qu'elles étaient habituées à considérer comme le Palladium des petits et des faibles. Elles s'interrogent anxieusement du regard et se demandent si *l'alma mater* qui a porté dans ses flancs et nourri de son lait tant d'incomparables héros, et dont la vigoureuse constitution semblait défier les siècles, est de tempérament à supporter longtemps les grossières cajoleries et les brutales caresses des eunuques et des histrions qui lui font la cour; si, comme la Rome des derniers jours, elle est destinée à périr au milieu des vomissements et des orgies de ses Césars de rencontre et des cris forcenés de la plèbe hurlant à pleins poumons : « Aux lions les prêtres, les magistrats et les soldats!!! » Quelques-unes supputent avec effroi combien de jours les séparent du moment fatal où elles seront étouffées sur la poitrine velue de l'ours moscovite, ou enlevées dans les serres de l'aigle prussien.

Ah ! vous avez beau jeu, Messieurs les chanceliers, et l'enfer semble avoir mis en campagne toutes ses légions pour vous aider à vaincre. Mais pourtant prenez garde! la partie n'est pas encore gagnée et il peut se produire un de ces revirements soudains qui changent complètement la face des choses. Si fins que vous soyez, si habiles et si profondes que soient vos combinaisons, vous n'êtes pas entrés, que je sache, dans les conseils de Dieu, et les siens peuvent singulièrement déranger les vôtres. Etes-vous bien sûrs que cette France dont les fils ont laissé l'empreinte de leurs pieds victorieux sur les parquets de Postdam et les tapis du Kremlin, ne fera pas, dans un rapide élan d'indignation patriotique, rentrer dans les coulisses, à grands coups de balai, les marionnettes grotesques dont vous tenez les ficelles et réglez les mouvements ? Qui vous assure que l'Autriche ne surprendra pas l'un des regards, brûlants de convoitise, que vous dardez sournoisement sur ses provinces slaves et allemandes ? Elle est, je l'espère, complètement édifiée sur les procédés dont vous usez pour provoquer des soulèvements suivis d'une intervention dont elle doit apprécier, aujourd'hui la loyauté et le désintéressement. Et l'Italie ! n'a-t-elle donc plus un seul homme d'Etat qui entrevoie avec terreur l'heure néfaste où, les deux colosses que vous avez fait grandir ayant chacun un pied sur sa tête , il suffirait que l'un d'eux se détirât un peu brusquement pour la lui écraser ? Est-ce que Napoleon, malgré son tout-puissant génie et ses armées incomparables, ne s'en vint pas mourir de la mort des forçais sur un rocher brûlant ? Encore une fois, prenez garde ! vous pourriez, vous aussi, finir sur votre Sainte-Helène.

Oh ! je sais bien que vous etes d'admirables comédiens et que vous avez su tirer un merveilleux parti des grosses et paternes accolades du vieux Guillaume, des tendresses langoureuses et des sensibleries mystiques du doux Alexandre; mais ce sont-là grimaces dont vous avez trop souvent usé pour tirer les marrons du feu sans trop vous brûler ....pardon! j'allais dire les pattes. Vous êtes d'habiles chirugiens, c'est incontestable, et vous montrez une dextérité sans pareille pour les amputations: mais nombre de gens que vous déclarez grangenes ont la ferme volonté de ne plus avoir recours aux opérations que vous pratiquez, à votre plus grand profit, *in animâ vili*. Le quart d'heure de Rabelais a sonne pour vous: chatteries, caresses, brusqueries, menaces, tout cela est usé, et une voix secrète me crie que, malgré sa répugnance pour le jeu sanglant des armes, l'Europe est décidée à en finir ; une nécessité inéluctable la pousse à renouer contre vous la coalition qu'elle forma au commencement du siècle contre le tout-puissant César qui voulait, comme vous, l'asservir et la decouper à sa fantaisie.

Est-ce qu'elle peut indéfiniment sentir sa poitrine ecrasee par le cauchemar oriental et croire un seul instant que le czar renoncera pour jamais à l'accomplissement du testament vrai ou apocryphe de Pierre Ier ? Est-ce que le programme du pangermanisme n'est pas collé a son dos comme une robe de Nessus qu'il lui faut arracher à tout prix ? Se sent-elle de complexion a supporter plus longtemps les charges écrasantes que lui impose la paix armée ? Est-elle d'humeur à creuser de plus en plus le gouffre du déficit pour aboutir à une banqueroute désastreuse ? N'est-il pas temps que les capitaux, fruits des labeurs incessants du laboureur, de l'artisan, de l'industriel et du commerçant ne se transforment plus indéfiniment en culottes rouges ou bleues, en canons d'acier ou de bronze, en terre-plein, en murailles de granit, en citadelles et en fortins ? La guerre, mais une guerre à fond qui tranche définitivement tous les litiges, voilà le dernier mot de la situation.

Halte-là ! va me crier quelque naïf disciple de l'abbé de Saint-Pierre: et la sainte fraternité des peuples ! et l'arbitrage ! Hé quoi ! vous êtes arriéré à ce point que le canon soit encore pour vous l'*ultima ratio* des peuples et des rois ! Et le congrès, monsieur, le congrès ! ! ! Ah ! oui, le congrès : jolie duperie que votre congrès ! Quel but peuvent bien y assigner les deux chanceliers ? un arrangement pacifique ? une édition revue et corrigée du traité de San-Stéfano ? un compromis plus ou moins boîteux ? une mince couche de plâtre sur les énormes fissures qui lézardent l'édifice européen ? Ah ! qu'ils nous la baillent belle à avaler ! Voici les scènes de haute comédie qui s'y joueraient. A chaque réclamation formulée par l'Angleterre, la Russie répondrait par un bêlement d'agneau doux et plaintif, et insinuerait en larmoyant que sa rivale est un méchant loup qui veut l'empêcher de se désaltérer dans le courant d'une onde pure. Le chancelier prussien donnerait un signe d'acquiescement, enverrait son plus gracieux sourire au ministre d'Italie, ferait les gros yeux à celui d'Autriche, et donnerait, par dessous la table, un coup de genou significatif à l'honnête M. Waddington : et qui sait ? la peur, comme la faim, est si mauvaise conseillère ! La Russie sortirait peut-être blanche comme neige du tribunal des conflits, et l'Angleterre, en refusant de mettre sa signature au bas du protocole qui serait son arrêt de mort et celui de l'Europe, se verrait conspuée et honnie. « Voyez-vous, diraient les naïfs, cette orgueilleuse Albion : c'est elle, elle seule qui, dans son froid et cruel égoïsme, veut déchaîner sur l'Europe le fléau de la guerre. » Et si, écœurée par ces tristes défaillances, elle se retirait dédaigneuse et indifférente dans son île imprenable, certaine qu'elle est de garder l'empire des mers, les annexions, les amputations et les dépècements recommenceraient de plus belle, et bientôt retentirait sur le cadavre des nations immolees ce cri lamentable et déchirant : « Finis Europæ ! »

Guerre au borussianisme ! guerre au moscovisme ! voilà le cri qui doit sortir de la bouche de ceux qui veulent respirer l'air de la liberté et ne pas courber le front dans la poussière sous le knout ou le bâton. Guerre sans trêve ni merçi aux deux Diavalo couronnés qui lançent inopinément leurs bandes avides sur les nations sans défiance, les renversent, leur mettent le genou sur la poitrine et leur serrent la gorge de leur main de fer pour les détrousser à leur aise. Les peuples se forgent eux-mêmes leur sort: et si la Providence exige de temps à autre qu'il se retrempent dans le bain sanglant des batailles, c'est afin de leur faire priser à leur juste valeur les nobles attributs dont Dieu dota le premier homme. Aussi bien, l'engourdissement dans lequel une vie molle et sensuelle a plongé la génération présente doit etre secoué. L'homme ne vit pas seulement de pain, mais de foi, d'abnégation, de dévoûment et de sacrifice, et certains docteurs veulent par trop l'assimiler au bœuf qui tond avec délices l'herbe tendre qui lui donne l'empoint voulu pour exciter l'admiration et la joie du sacrificateur qui va lui couper la gorge. Quand les Romains revenaient victorieux et balafrés des guerres où ils avaient combattu *pro aris et focis*, ils se sentaient plus vigoureux, plus fiers, plus indépendants; et c'est au contact de leurs mâles vertus et de leur courage que leurs épouses et leurs filles acquéraient ce robuste tempérament qui est necessaire à l'enfantement des héros et des martyrs.

Je garde au fond du cœur l'invicible espoir que l'Europe sortira purifiée et rajeunie de la lutte gigantesque qui va s'ouvrir; qu'une barrière inébranlable fermera pour toujours le passage au torrent des Barbares du Nord; que le désarmement ne sera plus une ridicule utopie, le militarisme un impôt indispensable, la fraternité des peuples un mot creux; et que nos fils, éclairés par la lumière divine de Celui qui mourut sur la croix pour sauver le monde, marcheront d'un pas sûr et égal dans la voie du vrai progrès et pourront dire avec vérité :

Novus rerum nascitur ordo.

(*Tous droits de reproduction et de traduction réservés.*)

Épinal, imprimerie V. Collot.

www.ingramcontent.com/pod-product-compliance
Lightning Source LLC
LaVergne TN
LVHW010220230826
846091LV00008BB/3607
* 9 7 8 2 0 1 6 1 2 3 9 4 2 *